LETTRE

AUX

CULTIVATEURS FRANÇAIS

PAR

Benjamin RAMPAL

PARIS

IMPRIMERIE NOUVELLE (ASSOCIATION OUVRIÈRE)

14, RUE DES JEUNEURS, 14

—

1877

LETTRE

AUX CULTIVATEURS FRANÇAIS

« L'on voit certains animaux farouches, des mâles et des femelles, répandus par la campagne, noirs, livides, et tout brûlés du soleil, attachés à la terre qu'ils fouillent et qu'ils remuent avec une opiniâtreté invincible : ils ont comme une voix articulée, et quand ils se lèvent sur leurs pieds, ils montrent une face humaine, et en effet, ils sont des hommes : ils se retirent la nuit dans des tanières où ils vivent de pain noir, d'eau et de racines; ils épargnent aux autres hommes la peine de semer, de labourer et de recueillir pour vivre, et méritent ainsi de ne pas manquer de ce pain qu'ils ont semé. » (La Bruyère, *Caractères*, ch. XI. *De l'homme.*)

C'est en parlant des paysans et des laboureurs de son temps, que La Bruyère s'exprimait ainsi. Après Vauban, Fénelon, Bois-Guillebert, ses contemporains, la science moderne a confirmé l'appréciation du grand moraliste.

Parmi les plus remarquables représentants de la science économique, nous citerons principalement M. E. Levasseur, membre de l'Institut, dont l'ouvrage (*Histo ire des classes ouvrières en France*), très apprécié dès son apparition, jouit d'une incontestable autorité. Voici, d'après cet écrivain, quel était l'état de la propriété avant la Révolution de 1789 :

« Vers la fin de l'ancienne monarchie, la propriété était en grande partie féodale et restait grevée de la plupart des servitudes et des inégalités du Moyen Age, auxquelles s'étaient ajoutées les servitudes et les inégalités royales.

« Le privilége primait le droit, je pourrais presque dire était la forme ordinaire du droit, dans une société qui, en matière administrative, financière, civile, faisait partout acception de personnes. C'était là le vice radical de l'ancien régime, il corrompait tout, il affectait la propriété foncière et la culture; il gênait la répartition des charges publiques et nuisait ainsi au développement de la richesse du pays.

Pauvres paysans, pauvre agriculture; pauvre agriculture, pauvre souverain; avait dit Quesnay, quarante années avant le voyage d'Arthur Young. » (2ᵉ partie, t. I, p. 23.)

Le sol était réparti de la manière suivante :

« Le roi, le clergé et la noblesse possédaient la majeure partie des terres, les trois quarts environ; les roturiers, un quart à peine. Ce n'est pas que la propriété ne fût très divisée sur certains points. A côté des vastes domaines de quelques grands seigneurs, il y avait de petites et de très petites propriétés fondées par des paysans ou par des gentilshommes campagnards, qui tenaient de leurs propres mains la charrue; et, sous les propriétaires grands ou petits, des colons à différents titres faisaient valoir de petites parcelles. » (P. 22.)

Cette infériorité dans la répartition de la fortune territoriale s'explique par les entraves qu'imposait la loi à l'acquisition des terres par les non-nobles.

« Les roturiers, qui alimentaient par les épargnes du travail industriel la principale source des capitaux, étaient souvent arrêtés dès le début par une inégalité de la loi ; ils ne pouvaient acquérir un bien noble sans acquitter le franc-fief, c'est-à-dire un droit de 7 1/2 0/0 sur le capital, payable régulièrement tous les vingt ans et à chaque transmission. » (P. 23.)

Devenu propriétaire, le non-noble était soumis à des charges dont on se fait difficilement aujourd'hui une idée.

« La culture portait des chaînes plus lourdes encore que la propriété. On désignait sous le nom de champart la portion de la récolte que le seigneur s'était réservée en baillant la terre à ceux qui devaient la cultiver. Ce champart variait à peu près du cinquième au vingtième du produit brut ; la récolte ne pouvait être rentrée, sous peine d'amende, avant que le seigneur ne l'eût prélevé ; mais le seigneur n'était pas tenu de se hâter, et ses intendants, appelés de divers côtés à la fois, laissaient des semaines entières sur champ le blé qui finissait souvent par se gâter. » (P. 27.)

Avant la part du noble venait celle du prêtre :

« La dîme, inféodée ou non, avait les mêmes inconvénients ; elle en avait encore un autre fort grave; comme elle se prélevait principalement sur les céréales, le clergé ne permettait pas qu'on dénaturât son fonds productif, en introduisant les nouvelles cultures qui n'y étaient pas sujettes, comme la luzerne, et il contribuait à immobiliser dans la routine l'agriculture déjà paralysée par tant d'autres causes. Dans les provinces riches, le fermage avait pris la place du métayage; mais les baux étaient de peu de durée; et, au delà de neuf années, ils étaient frappés de surtaxes que nul ne se souciàit de payer. Ils étaient aussi frappés du droit de résiliation dont jouissaient les gens de mainmorte. Un bénéficier venait-il à mourir, son successeur pouvait casser, sans indemnité, tous les baux, et souvent il le faisait dans son propre intérêt, car le renouvellement était accompagné de pots-de-vin, de deniers d'entrée et autres présents. » (P. 28.)

Nous n'en avons pas fini avec le noble, voici une nouvelle série de priviléges :

« Le seigneur percevait des droits de péage sur les routes qu'il n'entretenait pas, de bac sur les rivières, de leyde sur les marchés; s'il avait des vignes, il ne publiait le ban des vendanges qu'après avoir fait lui-même la récolte, et il jouissait ensuite du banvin, c'est-à-dire du droit de vendre seul son vin pendant trente ou quarante jours. Il avait le droit de corvée, et le plus souvent, comme tous les travaux agricoles se font à la même époque, il enlevait à son profit les paysans à leurs champs, au moment où leur présence était le plus nécessaire. Il avait le droit de banalité, et il obligeait ses hommes à venir cuire leur pain à son four, à presser leurs pommes à son pressoir. » (P. 29.)

« Les seigneurs ne se faisaient pas faute de contraindre les vilains et d'empiéter sur leur propriété.

« S'il n'y avait pas de chemins, il y avait un usage pernicieux qui permettait aux troupeaux de passer, dans certaines saisons, à travers champs, foulant et broutant les jeunes pousses. On l'appelait le droit de parcours. » (p. 30.)

« De toutes les servitudes, la plus vexatoire était le droit de chasse, plaisir exclusif de la noblesse, dont les paysans payaient les frais. Le seigneur chassait partout à cheval sur les terres ensemencées, ne respectait rien, n'ayant rien à redouter. Le gibier était devenu le fléau de l'agriculture, rongeant les vignes jusqu'à la racine.

« Le droit de colombier était de même nature que celui de garenne et de chasse. » (P. 31.)

Il est facile de s'imaginer les abus de pouvoir que devait engendrer une telle législation. Nous n'en citerons qu'un exemple, emprunté à l'étude historique sur l'arrondissement de Bernay, récemment publiée par M. Gardin, sous ce titre : *Le bon vieux temps.*

« En 1716, la baronnie de Chambrais avait passé aux de Broglie, et, en 1742, elle avait été érigée en duché, sous le nom de cette famille.

« Le charretier d'un des fermiers de M. le maréchal de Broglie ayant eu la regrettable idée de tuer une chevrette qui était venue dans son jar-

din, le maréchal fit venir le pauvre homme :
« *Ton valet a tué mon gibier, je te ruinerai, misérable*, lui dit-il.— Mais, *prince*, voulut balbutier
le bonhomme plus mort que vif, *je suis innocent
de ce fait, pardonnez-moi*, et il se jeta à ses
pieds. *Non, te dis-je*, lui répondit une voix qui
n'admettait pas de réplique, *tu resteras et je te
ruinerai.* » Cette promesse ne reçut que trop bien
son exécution, au mois de juillet de chaque année,
le maréchal, profitant de *son droit de chasse*,
ne manqua pas de traverser avec ses équipages
les récoltes de son fermier; les chiens et les chevaux achevaient de détruire ce qu'avait épargné
le gibier.

« La volonté du maître fut ainsi promptement
réalisée, le pauvre fermier fut ruiné et ne tarda
pas à mourir de chagrin, mais il avait eu la satisfaction de savoir que ses deux fils, pour se
soustraire à la prison, avaient été conduits par
son charretier, l'un en Allemagne et l'autre en
Champagne. »

Après les taxes au profit de la noblesse et du
clergé, venaient les impôts au profit de l'Etat.

« La taille, qui était le plus lourd des impôts
directs, pesait presque exclusivement sur la roture, clergé et noblesse en étaient exempts.

« La plupart des impôts directs se levaient au
marc le franc de la taille; qui était surchargé
d'un côté, l'était encore de l'autre et portait
double et triple faix. Les crues diverses, dixièmes, tailles, étapes, maréchaussées, ponts et
chaussées, etc., rentraient depuis longtemps
dans le chapitre de la taille, dont les grandes

villes étaient ordinairement exemptes. La capitation était perçue de la même façon et retombait principalement à la charge des campagnes.

« Turgot abolit la corvée. Un édit la rétablit. » (P. 31, 35, 37.)

Il faut ajouter que la rentrée de l'impôt, étant donnée à ferme, s'accroissait des abus et vexations inhérents à ce mode de perception.

Le privilége semblait ainsi avoir atteint ses dernières limites. Il s'étendit plus loin encore.

Le noble, si dur dans l'exercice de tous ses droits, échappait facilement au roturier, lorsqu'il en était devenu le débiteur, et aidé de la complicité de la loi, il s'y prenait d'une façon vraiment ingénieuse, comme on va le voir.

« La monarchie avait porté le privilége jusque dans le payement des dettes privées. Un débiteur se sentait-il insolvable, s'il était grand seigneur ou s'il avait des appuis à la cour, il obtenait du roi des lettres de répit, du Conseil d'Etat des arrêts de surséance, et les échéances se trouvaient prorogées. » (P. 41.)

De si nombreux et si criants abus devaient cesser du jour où la nation, convaincue de la nécessité d'échapper au pouvoir absolu qui les sanctionnait, reprendrait l'usage de sa souveraineté.

Les idées de justice et les sentiments d'humanité propagés par les écrivains du dix-huitième siècle se résumèrent dans les Cahiers de cette époque, et 1789 ouvrit l'ère d'une France nouvelle.

« Le Tiers-Etat, dit M. Levasseur, traçait nettement toutes les grandes lignes de la société nouvelle. Plus de lettres de cachet, plus de confiscations, garantie complète de la liberté individuelle, de la liberté du travail, de la liberté de la presse, inviolabilité de la propriété, suppression absolue du régime féodal et rachat des droits qui en dérivaient, abrogation de tout privilége pécuniaire, égale répartition de l'impôt et vote des contributions par l'Assemblée nationale, responsabilité des agents du pouvoir exécutif : tels étaient les vœux unanimes du Tiers-Etat. Pour arriver au but, il eut de nombreux combats à livrer, des orages terribles à essuyer. » (P. 99.)

« Le 4 août, dans sa séance du soir, l'Assemblée nationale décrète :

1° L'abolition de la qualité de serf et de la mainmorte, sous quelque dénomination qu'elle existe ;

2° Faculté de rembourser les droits seigneuriaux ;

3° Abolition des juridictions seigneuriales ;

4° Suppression du droit exclusif de la chasse, des colombiers, des garennes ;

5° Taxe en argent représentative de la dîme ;

6° Abolition de tous les priviléges ;

7° Egalité des impôts ;

8° Admission de tous les citoyens aux emplois civils et militaires ;

9° Déclaration de l'établissement prochain d'une justice gratuite et suppression de la vénalité des offices ;

10° Suppression du droit de déport et de vaçat, des annates, de la pluralité des bénéfices ;

11° Destruction des pensions obtenues sans titre. » (P. 104.)

M. Léonce de Lavergne, dont les écrits sont si estimés, résumant, dans son *Economie rurale de la France depuis 1789*, les résolutions prises le 4 août par l'Assemblée nationale, complète l'analyse de M. Levasseur sur quelques points et la confirme dans son ensemble.

« L'article 1er détruit entièrement le régime féodal, dit cet écrivain ; dans les droits tant féodaux que censuels, ceux qui tiennent à la servitude personnelle sont abolis sans indemnité ; tous les autres sont déclarés rachetables ; le prix et le mode de rachat seront fixés par l'Assemblée nationale. Les articles 2 et 3 abolissent le droit exclusif de colombier et le droit de chasse et le droit de garenne ouverte. L'article 5 supprime les dîmes possédées par des corps séculiers et réguliers ; les autres dîmes sont déclarées rachetables, de quelque nature qu'elles soient. » (P. 5.)

« Dès ce moment, toutes les conséquences qu'un pareil fait pouvait avoir pour l'agriculture lui étaient acquises. En même temps, les redevances devenaient rachetables, l'égalité de toutes les propriétés en matière d'impôt était proclamée.

« Les autres droits de l'homme et du citoyen, tels que la liberté individuelle, la propriété, la liberté du travail, la liberté de conscience, la liberté de parler et d'écrire, le droit de participer au vote de l'impôt et de prendre part au gouvernement des affaires publiques n'étaient plus contestés. C'est cet ensemble de conquêtes qui a survécu et qui a vraiment fécondé le sol. » (P. 10.)

« Quand une nation adopte de pareils principes, elle ouvre devant elle une carrière indéfinie de prospérité. » (P. 11.)

Les conditions dans lesquelles doivent vivre les peuples libres, étaient désormais fixées pour l'Europe centrale. Le législateur de 1789 venait d'accomplir une profonde et pacifique réforme des abus du passé, et il ouvrait à l'avenir des horizons qui ne satisfaisaient pas seulement aux aspirations du pays, mais qui répondaient en Europe aux vœux de tous les esprits éclairès. La France ne venait pas de faire une œuvre purement nationale, elle avait tracé la marche qu'allait suivre autour d'elle la civilisation.

L'Assemblée Constituante avait marqué avec une admirable justesse la mesure dans laquelle l'Etat peut améliorer la condition des citoyens, sans nuire à la liberté individuelle.

La Révolution française est, comme la plupart des révolutions de l'histoire, à la fois politique et sociale, n'en deplaise aux timides esprits que les mots épouvantent. Mais, pour éviter toute équivoque, il est nécessaire de définir le caractère de l'action sociale de cette révolution.

Que fait, au point de vue social, la grande Assemblée de 1789, qu'un historien appelle le *Concile de l'esprit humain au dix-huitième siècle?* Elle délivre la propriété de toutes les entraves, elle supprime la confiscation, elle affranchit le travail, elle répartit également l'impôt et en réserve le vote aux délégués de la nation. En abolissant la mainmorte, elle rend la propriété accessible à un plus grand nombre de citoyens et, par sa loi du 18 mars 1790, que confirme la Constitution de 1791, elle établit le partage égal des successions, *sans avoir égard* à l'ancienne qualité noble des biens et des personnes.

Tous obstacles étant ainsi supprimés à l'accession de la propriété, elle s'en remet à l'initiative individuelle du soin d'améliorer le sort de chaque citoyen et de développer, par suite, la richesse générale. Elle n'a pas la prétention utopique de substituer le don à l'échange des services et de mettre le dévouement à la place du devoir.

Les reproches n'ont pas manqué pourtant à l'illustre Assemblée. Les dictatures civiles et militaires et les réactions qui se sont succédé dans le cours de ce siècle ont, en altérant leur sens politique, rendu injustes pour sa mémoire certains publicistes, et les ont poussés jusqu'à la méconnaissance de ses éminents services. Elle est aujourd'hui attaquée surtout par les hommes qui rêvent une rétrogradation artificielle vers le passé, et comptent sur l'appui de l'Etat pour la réalisation de leurs vues.

On lui a imputé, entre autres griefs, d'avoir, en abolissant les jurandes et les maîtrises, rompu violemment, au détriment de la sécurité sociale, et même de la perfection des produits, les cadres hiérarchiques de l'industrie française.

Ce reproche peut être mis sur la même ligne que le regret exprimé par les représentants de la nouvelle école, dite des *Socialistes de la Chaire,* lesquels, préconisant comme remède absolu contre les difficultés présentes la reconstitution des biens communaux sur une vaste échelle, soit un retour au communisme rural des anciens âges, considèrent comme un mal la division de la propriété.

Ces deux écoles si opposées de tendances tombent dans une erreur égale; elles oublient que l'humanité ne reprend jamais les formes qu'elle a abandonnées, comme ne suffisant plus à ses nouveaux besoins.

M. de Lavergne nous fournit la réponse suivante à un autre grief allégué par les partis qui méditent la reconstitution d'une aristocratie à l'abri de la mobilité actuelle des fortunes.

« Au nombre des reproches qu'on fait aux idées de 1789, se trouve la portée qu'on prête à la loi de succession. On oublie que le principe du partage égal n'est pas nouveau, il existait sous l'ancien régime pour les propriétés non nobles; le Code civil n'a fait que le généraliser. C'est avec la loi du partage égal que, sous l'ancien régime, le Tiers-Etat avait grandi en richesse et en puissance, au point de dire, en 1789, qu'il était la nation même.

« C'est avec le droit d'aînesse et les substitutions que la noblesse avait perdu sa richesse, presque son existence, car les trois quarts des nobles n'étaient que des bourgeois enrichis. » (P. 33.)

Les principes de 1789 sont la meilleure pierre de touche de la valeur des divers régimes politiques qui ont suivi, et c'est au plus ou moins de respect gardé pour ces principes qu'on peut mesurer l'influence bonne ou mauvaise exercée par ces gouvernements sur la civilisation.

La confiscation reparaît en 1793, il est vrai, mais cette époque, troublée par la guerre civile et par la guerre étrangère, et dont on ne saurait accepter tous les actes que sous bénéfice d'inventaire, explique cette infraction et d'autres analogues aux principes de la grande Assemblée. La Révolution, menacée par l'ancien régime au dedans et au dehors, ressaisissait pour le combattre les armes dont elle l'avait vu et le voyait encore se servir.

Il suffit de se reporter aux changements introduits dans l'ancien ordre de choses pour comprendre la lutte sans merci qui s'engagea entre les privilégiés de la veille et la masse nationale qui ne voulait plus souffrir de privilége. Un publiciste moderne a dit que c'était le propre des priviléges de paraître des droits à ceux qui en avaient longtemps joui.

De ces temps héroïques, dont la grandeur ne resplendit à nos yeux qu'altérée par l'imperfection humaine, où les passions grandes ou basses s'agitent dans une mêlée terrible, arrivons à l'Empire.

Qu'est-ce que l'Empire? C'est une réaction contre les principes de 1789, autant que le permettent les faits accomplis et les vues personnelles de celui qui dirige cette réaction. Cet homme détruit la liberté politique, il amoindrit la liberté civile, et s'il n'attaque pas de front les intérêts matériels constitués par la Révolution, c'est qu'il est contraint de les ménager.

Comme son système n'est, au fond, qu'un retour à l'ancien régime reconstitué avec des hommes nouveaux, c'est-à-dire avec ce qui restait des acteurs de la Révolution, une fois que les grands caractères et les grands esprits eurent péri par une sorte de décapitation à jamais regrettable de cette génération, et que le dictateur veut fonder une monarchie nouvelle, il s'empare de ce détritus des grandes Assemblées et appelle à lui ce qu'il peut rallier de l'ancienne noblesse.

Il lui faut unifier ces éléments disparates, et pour cela, comme disaient ironiquement les anciens nobles non ralliés, faire avec des jacobins convertis des *marquis de convention.*

Il ne peut leur accorder tous les priviléges du passé, mais, par son décret du 30 mars 1806, il établit des titres héréditaires avec affectation de biens également transmissibles par voie d'hérédité.

Le décret du 1er mars 1808 affecte les titres nobiliaires de prince, duc, comte, baron, aux titulaires de certaines fonctions ou dignités.

Pour rendre héréditairement transmissibles les titres ainsi conférés, il y attache, par un décret du même jour, des majorats produisant un certain revenu.

La même loi décrivait avec un soin minutieux les armoiries et les livrées qu'auraient le droit d'avoir les nouveaux nobles.

Le décret du 3 mars 1810 réglait la transmission des armoiries et des livrées du père aux enfants. Rappelons, enfin, le rétablissement, par le décret du 3 septembre 1807, du droit de substitution qui vise, comme les majorats, à perpétuer les biens dans une même famille.

Que conclure de cet exposé rapide, si ce n'est que l'Empire offre une continuelle violation de ceux des principes de 1789 que son fondateur a pu attaquer.

La chute de Napoléon Ier ne fut, on le voit, que trop méritée. Sans elle, l'histoire aurait une fois de plus manqué de moralité.

Quoi qu'on en ait pu dire, cette chute fut pour notre pays une délivrance et pour la civilisation générale un bienfait.

La Restauration était une transaction et représentait un état politique bien supérieur à celui qu'elle venait de remplacer. La paix seule était un bien inestimable qui permettait de reprendre l'œuvre de civilisation nouvelle inaugurée en 1789.

Mais la Restauration, qui fut une renaissance pour les lettres, pour les arts, pour l'agriculture, pour le commerce, pour toutes les grandes voies de l'activité nationale, périt par la division des Français, dont les uns demandaient l'application des idées nouvelles et dont les autres voulaient réagir violemment contre ces idées. Son cours tourmenté ne fut qu'une succession d'affirmations et de négations des principes de 1789, suivant les hommes qui se succédaient au pouvoir. *Les partis*, a-t-on dit, *périssent toujours par l'exagération de leur principe*, et la branche aînée des Bourbons, compromise par ses *ultras*, succomba pour avoir aveuglément suivi leurs conseils.

La monarchie d'Orléans fit au début de louables efforts pour se rapprocher des principes de 1789.

En 1832, lors de la révision du Code pénal de 1810, il devint facultatif à tous les Français, par l'abrogation de l'article 259 de ce Code, de prendre des titres de noblesse, sans avoir à produire aucun acte justificatif. Cette latitude dérisoire n'empêcha pas nombre de Français de s'affubler de titres d'emprunt, contrairement aux vues du législateur, dont on a justement dit, à ce sujet, qu'il avait eu plus d'esprit que la nation.

La même année, fut votée une excellente loi sur l'enseignement primaire, pour propager l'instruction dans toutes les parties du territoire.

Une loi du 12 mai 1835 interdit pour l'avenir l'institution des majorats, et déclara que ceux existants ne pourraient s'étendre au delà de deux générations.

Mais, dans les années qui suivirent, la nouvelle dynastie, dont l'avènement avait eu pour raison le retour complet aux principes de 1789, alla s'en écartant de plus en plus, éludant les conditions du gouvernement représentatif, renfermant obstinément la représentation nationale dans le cercle étroit de 200,000 électeurs censitaires, corrompant le vote par les faveurs, au moyen des places dont disposait le pouvoir, et ramenant ainsi le pays au gouvernement personnel, en dépit des protestations qui s'élevaient de toutes parts.

La chute de la branche cadette des Bourbons peut se résumer par ce mot resté historique de

M. Desmousseaux de Givré : *Rien, rien, rien !*

Nous ne nous arrêterons pas à la République de 1848, aux sentiments de laquelle nous devons rendre hommage comme à un retour sincère aux idées de 89, mais qui ne fut qu'une tentative avortée, par suite de l'insuffisance des pouvoirs publics.

Quant au second Empire, il ne nous paraît pas mériter une discussion développée. C'est, par excellence, le règne de l'équivoque.

Au lendemain du 2 décembre, il se pose en protecteur des principes de 1789. Pour justifier ce titre, il commence par supprimer toute liberté politique. Par ses arrestations arbitraires et par ses commissions mixtes, il rétablit, sous une forme nouvelle, les lettres de cachet. Il confisque les biens de la famille d'Orléans, ce qu'un contemporain appelle assez plaisamment le *premier vol de l'aigle*. Il témoigne de son respect pour la liberté individuelle par les déportations. Il feint d'encourager la liberté du travail, en accordant le droit de réunion et d'association, mais il se refuse à abroger les articles du Code pénal qui lui permettent de sévir contre toute réunion.

Quelques mots peuvent résumer la liberté accordée à la presse. Pour les journaux à fonder, démission anticipée sous forme de blanc-seing, précédant l'autorisation ; pour tous sans exception, censure préalable, avertissement, suspension, suppression ; autre forme de son respect pour l'inviolabilité de la propriété. Il n'attaque sans doute pas l'égale répartition de l'impôt, mais il le perçoit dans des proportions jusque-là inusitées; et, quant au vote par les mandataires du pays,. il a soin de désigner et de faire nommer ceux qui doivent contrôler ses actes, système qu'il décore du nom de candidature officielle, que nous voyons ressusciter aujourd'hui avec des aggravations inouïes, et dont le résultat infaillible est de fausser la volonté du pays par l'approbation forcée de tous les actes du pouvoir exécutif. La responsabilité des agents de ce pouvoir est couverte par l'article 75 de la Constitution de l'an VIII, qui subsiste jusqu'au désastre de Sedan. Ajoutez que, dès 1852, il distribue des titres à ses créatures, qu'il dote richement, et qu'il rétablit l'interdiction de prendre des titres de noblesse, que la monarchie de 1830 et la République de 1848 avaient abolie.

On se demande jusqu'à quel point les apostats éhontés du premier Empire et les aventuriers mal famés du second, ont pu se prendre au sérieux, s'ils n'ont pas eu conscience de leur pouvoir éphémère, et l'on reste étonné que la France ait pu subir si longtemps leur souillure.

Le premier Empire nous avait fait haïr, le second nous a fait mépriser.

Examinons maintenant les effets produits sur la condition des cultivateurs par les lois libératrices de 1789, depuis leur promulgation jusqu'à nos jours.

« Les campagnes, dit M. Levasseur, avaient les premières recueilli les bénéfices du nouvel ordre de choses. La suppression des droits féodaux, en délivrant la terre, avait augmenté

le revenu des cultivateurs. » (2ᵉ partie, t. Iᵉʳ,
p. 145.)

M. H. Passy, dans son ouvrage : *Des systèmes
de culture en France*, publié en 1852, confirme,
page 6, les heureux effets des lois nouvelles.

« A des colons partiaires récemment échappés
à la glèbe succédaient, en nombre rapidement
croissant, des fermiers qui prenaient les terres à
bail, les exploitaient à leurs risques et périls et,
le prix du loyer acquitté, disposaient à leur gré
des récoltes. C'était là un mouvement des plus
avantageux. A mesure qu'il s'étendait, l'agriculture, exercée par des mains plus libres et plus
actives, croissait en fécondité. »

Mais le gouvernement du premier Empire ne
tarda pas à produire ses funestes effets, et vint
diminuer les bons résultats de la législation
nouvelle.

« Sous l'Empire, dit M. H. Passy, dans le
même ouvrage, page 155, et durant les premières
années qui en suivirent la chute, les masses ap-
pauvries eurent peine à conserver les possessions
devenues leur partage. Depuis vingt ans, au contraire, il leur a été facile de réaliser des écono-
mies et d'acquérir. »

Le législateur de 1789 avait prévu avec une
merveilleuse justesse les résultats que le pays
était en droit d'attendre de son œuvre.

Voici la preuve qu'en donne M. de Lavergne,
dans son ouvrage déjà cité, page 51, et publié
en 1860 :

« Nous ignorons quelle était exactement, en
1789, la distribution de la propriété; nous savons

seulement en gros que le clergé possédait le sixième environ du sol, l'Etat et les communes un autre sixième, et que la noblesse, le tiers-état et les paysans, se partageaient le reste par portions à peu près égales....

« Quand on décompose aujourd'hui les cotes foncières, on trouve qu'un tiers environ de l'impôt total est payé par les cotes supérieures, un tiers par les cotes moyennes, un tiers par les petites cotes ; d'où l'on peut induire, à peu près ainsi qu'il suit, l'état actuel de la propriété, déduction faite des terrains non imposables et des propriétés de l'Etat et des communes.

50,000 propriétaires possédant en moyenne 300 hectares.	15 millions d'hectares.
500,000 moy. propriétaires posséd. en moy. 30 hectares...	15 — —
5,000,000 petits propriétaires posséd. en moy. 3 hectares...	15 — —
Total....	45 millions d'hectares.

De si grands résultats obtenus en moins de trois quarts de siècle constituent un progrès social d'une portée immense.

Les partis monarchiques ont pourtant contesté la valeur d'un des éléments principaux de ce progrès.

On vient de voir comment M. de Lavergne répond aux critiques dirigées contre la loi de succession, au point de vue purement social.

D'autres économistes l'ont considérée au point de vue agricole.

Voici comment Mme Romieu, dans son remarquable livre : *Des paysans et la culture en France*, publié en 1865, aborde la question du morcellement des terres et indique les moyens de parer à ses inconvénients :

« Par quel remède peut-on obvier au désavantage et au danger qui s'attachent à la petite propriété ? Par l'association, ce grand remède applicable à la plupart des plaies de notre époque, par l'association bien comprise et bien pratiquée.

« L'association donnera la solution facile du problème agricole, qui consiste à concilier l'antagonisme de la petite et de la grande propriété. Des cultivateurs associés parviennent aisément à exécuter les grands travaux d'amélioration rurale, impossibles pour chaque parcelle disséminée.

« Les avantages et les bénéfices de la grande propriété reparaissent alors dans la petite, et chaque produit retrouve sa place sur le sol qui lui convient. » (P. 21.)

« Plusieurs travaux d'amélioration sont incompatibles avec la subdivision des terres, et les petits propriétaires auraient de grands obstacles à surmonter. Non-seulement les capitaux leur manquent, et les risques à courir doivent effrayer leur prudence, mais ils rencontrent souvent une impossibilité matérielle sur un terrain divisé entre plusieurs propriétaires. Tout travail d'irrigation ou d'assainissement offre un problème presque insoluble. Il faudrait, pour lever les obstacles, s'entendre, et de la bonne volonté. » (P. 19.)

M. de Lavergne s'associe aux conseils donnés

par Mme Romieu, et cite un exemple frappant de ce que peuvent les efforts collectifs en agriculture.

« Des associations volontaires de petits propriétaires, dit-il, page 171, dans l'ouvrage auquel nous avons déjà fait de nombreux emprunts, se sont formées depuis quelques années pour des travaux collectifs. Tel est le syndicat fondé pour l'assainissement d'une plaine marécageuse dans les environs de Bischwiller (Alsace), dont le périmètre embrasse un peu plus de 3,000 hectares appartenant à 3,000 propriétaires différents. Tous les frais sont faits par les intéressés, et sans subvention du gouvernement. Les travaux commencés en 1853 ont donné des résultats sensibles; le sol assaini a acquis une plus-value qui dépasse de beaucoup la dépense. »

M. d'Esterno, abordant des questions analogues, signale les entraves administratives qu'il serait, dans l'intérêt de notre agriculture, nécessaire de voir disparaître.

« Qu'est-ce que l'agriculture? L'agriculture est une industrie exactement semblable à toutes les autres industries. Et cependant on a établi une différence immense entre le commerce, l'industrie et l'agriculture. Les deux premiers sont des privilégiés, tandis que la dernière est une déshéritée.

« L'agriculture n'est pas une industrie, » disait Louis-Philippe, et l'agriculture fut sacrifiée. Ce ne fut que sous l'Empire où elle fut appelée à prendre place dans le mouvement général qui se déclarait à cette époque.

« Il y a en France 141 Sociétés d'agriculture, 50 Sociétés d'horticulture et 569 Comices agricoles. » (*Des privilégiés de l'ancien régime et des privilégiés du nouveau régime*, 1868, 1er vol., p. 62.)

« En Allemagne, l'agriculture est presque partout organisée en Comices groupés autour des Sociétés provinciales, qui ont dans la capitale un Comité directeur *élu par elles*, tandis qu'en France les Sociétés d'agriculteurs sont privées de communications entre elles et d'un centre commun auquel elles puissent aboutir. Elles sont isolées et partant impuissantes!

« Au lieu de laisser ces Sociétés libres d'agir dans les limites de leurs intérèts et en se conformant aux lois, on leur impose le concours des préfets et des sous-préfets qui les étouffent systématiquement et uniformément. » (P. 100.)

Plus loin, M. d'Esterno signale les dangers qui lui semblent menacer la petite propriété.

« La petite propriété, dit-il, empêche par son morcellement l'emploi des machines à vapeur, soit pour le labourage, le dépiquetage et les autres usages; par conséquent, ses produits deviennent plus coûteux que ceux de la grande propriété, et dès lors la petite propriété se trouvera distancée, et plus tard rachetée par la grande. » (P. 272.)

Appuyé sur les autorités dont nous venons de citer les extraits et qu'il nous aurait été facile de présenter en plus grand nombre, nous pouvons affirmer que les lois de 1789 ne sauraient être, au point de vue social, l'objet d'une critique sérieuse, car l'intelligence et la moralité du cul-

tivateur se sont développées avec son aisance, et
l'amélioration de sa condition a amené, dans la
richesse nationale, l'accroissement dont nous
sommes aujourd'hui les témoins.

Le programme de 1789 est au-dessus de toutes
les attaques. Il était si vaste et si complet pour
l'époque où il a paru, et il constitue une si haute
conception de l'esprit humain, qu'il n'a pu être
encore réalisé parmi nous, malgré quatre-vingts
ans de luttes.

La même affirmation ne nous paraît pas pouvoir être donnée sans réserve, au point de vue
de la pratique agricole. Il y a là une question
spéciale, d'autant plus importante à résoudre
que si les craintes manifestées au sujet de l'infériorité dans les moyens d'exploitation venaient
à se réaliser, l'amélioration profonde que nous
avons signalée dans notre état social pourrait
être compromise. On verrait alors dans l'agriculture une concentration égale à celle dont l'industrie nous offre l'exemple, et les petits, comme
les moyens propriétaires, rejetés dans la masse
des salariés. Nous tenons ces craintes pour exa-
gérées, vu qu'un grand nombre de produits,
surtout les produits fins et délicats, qui deman-
dent le plus de soins, seront toujours mieux
obtenus au moyen de la petite propriété et de
l'exploitation directe. Mais nous n'en avons pas
moins jugé utile de donner à nos cultivateurs
l'indication des formes nouvelles, essayées dans
la partie du nord de l'Europe, où s'est étendu et
se continue le morcellement des terres. Ces
formes ont pour objet de procurer par l'associa-

tion, à la petite culture, les avantages d'exploitation attachés à la grande. (Voir le *Manuel* édité chez Guillaumin et Ce, à Paris.)

C'est à vous de voir, à votre esprit pratique de discerner, suivant la région où vous êtes placés et le genre de produits que vous obtenez, l'usage plus ou moins modifié qu'il vous conviendra de faire de ces combinaisons.

L'aperçu qui précède a montré à quel degré se sont écartées du programme de 1789 les monarchies de diverses formes qui ont occupé le pouvoir depuis le commencement de ce siècle. Il permet d'affirmer que toutes se sont montrées impropres ou impuissantes à accomplir l'œuvre qui leur était tracée.

A l'heure qu'il est, l'immortel programme de 1789 est loin d'être rempli. Il ne peut l'être par les mêmes causes qui, tantôt restreignant, tantôt étouffant la liberté, en ont empêché jusqu'à ce jour l'accomplissement.

C'est ici que la politique touche aux intérêts les plus essentiels du pays. De toutes les doctrines qui ont cours à notre époque confuse et troublée, la plus dangereuse est celle qu'on vous a souvent prêchée, qu'on vous prêche encore, à savoir : de vous en remettre, sans examen, de l'exercice de vos droits au soin de l'autorité qui, affirme-t-on, connaît mieux que vous la nature et la mesure de vos besoins. C'est là le langage que les *sauveurs* ont l'habitude de faire retentir à nos oreilles. Ils se targuent d'une supériorité intellectuelle et morale que rien ne justifie, et que, au contraire, les événements de l'histoire contemporaine, plus que celle d'aucun autre temps, démentent chaque jour.

L'infaillibilité n'existe pas plus dans l'ordre politique que dans l'ordre religieux, d'autant que les gens qui s'attribuent cette infaillibilité ont toujours eu et ont encore des intérêts opposés aux nôtres : des intérêts dynastiques et des intérêts de parti. Aussi, les pays les mieux gouvernés sont-ils ceux qui se gouvernent eux-mêmes.

Il arrive, sans doute, que les gouvernements librement élus et consentis commettent des erreurs, mais ces erreurs sont toujours réparables, car le bon sens et le patriotisme des majorités ne leur permettent jamais de se perpétuer, comme sous les gouvernements monarchiques et absolus, où une faute est toujours dissimulée ou couverte par le pouvoir, surtout lorsqu'elle favorise l'intérêt dynastique aux dépens de l'intérêt national.

Telles sont les doctrines qui régissent la plus grande partie de l'Europe et de l'Amérique, et c'est à ces doctrines que ces contrées doivent la possession incontestée de leurs libertés.

Nos gouvernants se plaignent que de nos jours le respect des gouvernés s'affaiblit et s'éteint. Comment pourrait-il en être autrement? Le pouvoir, comme la fortune, n'ont des droits à l'estime publique, que lorqu'ils sont acquis par des voies légitimes, et suivant l'usage qu'on en fait.

Les hommes de notre génération ont vu de trop monstrueux et de trop scandaleux exemples d'élévation, pour que le respect du rang sans dis-

tinction leur soit possible. Ces *grands de la terre*
ont offert au monde le spectacle d'un carnaval
sinistre, dont les personnages joignant l'odieux
au ridicule, nous ont montré, par la catastrophe
finale, que leur immoralité était encore dépassée
par leur désastreuse incapacité.

Ils ont poussé si loin le mépris de toute règle,
que les scandales de leur vie publique et privée
fournissent aux romanciers contemporains les
éléments du tableau d'une civilisation menacée
de décadence, contre laquelle la République peut
seule efficacement réagir.

La liberté sous la loi, telle est la devise ins-
crite sur le palais cantonal de Zurich. C'est
la seule formule du respect qui convienne aux
démocraties.

Ce n'est pas de nos jours seulement qu'on a
constaté l'insuffisance ou le danger des gouvernements personnels. Les grands esprits de tous
les temps ont signalé les erreurs nombreuses et
les crimes des conducteurs de peuples.

Un poëte de l'antiquité s'écrie :

Les divisions des Grecs naissent du délire des rois !

Plus tard, un grand politique suédois disait
à son fils, qu'il envoyait étudier la diplomatie
dans les cours étrangères : « Vous verrez, mon
fils, par combien peu de sagesse le monde est
gouverné, » et l'un des plus grands publicistes
modernes, M. de Tocqueville, a écrit qu'il ne
fallait pas trop compter sur *la sagesse contes-
table des gouvernements.* »

La démonstration de cette vérité, l'histoire

2.

contemporaine nous la fournit d'une manière saisissante. Voyez ce que font les *sauveurs?* Le premier de ce siècle, porté par une révolution entreprise pour la liberté, au moment même où cette révolution tend à prendre une allure régulière et modérée, y substitue la dictature, et, après avoir gaspillé toutes les forces de la France dans une lutte aussi insensée qu'égoïste, il aboutit à une double invasion.

Trente-cinq ans plus tard, après deux essais de monarchie représentative restés infructueux par l'inintelligence des princes de la famille des Bourbons, un nouveau *sauveur* se présente. Les portes de la patrie lui sont imprudemment ouvertes, et bientôt on retrouve sa main dans les complots et les émeutes, dans les complications sinistres, où la violence et la fraude peuvent se donner carrière, dans les luttes fratricides de la guerre civile, par lesquelles il tend à se frayer un accès au pouvoir. « *Il me faut*, disait-il, *l'éclat d'un trône ou l'obscurité d'un cachot.* » Il méritait le cachot, il eut le trône.

A la faveur de la prospérité due au travail national, il masque le profond abaissement intellectuel et moral propagé par son gouvernement d'aventuriers. Puis, quand la revendication des droits dont il a dépouillé traîtreusement le pays commence à se produire, il ne craint pas, pour éluder cette nécessité, d'avoir recours à la funeste diversion d'une guerre étrangère, qui amène une troisième invasion, avec le cortége ordinaire de ses humiliations et de ses ruines. L'oncle et le neveu n'ont dû leur pouvoir qu'aux dissensions civiles fomentées par leur ambition aussi aveugle que perverse.

Vous n'avez, vous le voyez bien, d'autre moyen de sauvegarde contre ce danger que de prendre en main le soin de vos affaires politiques, ainsi que vous le faites pour vos affaires privées.

Celui qui trace ces lignes a vécu assez long-temps parmi vous, pour vous bien connaî-tre. Il a souvent admiré l'énergie que vous déployez dans les durs travaux de votre profes-sion, auxquels l'homme ne peut se plier, s'il n'y a été préparé dès l'enfance. Il vous a souvent vus plus d'une fois créer la richesse sur des terrains ingrats où régnait la stérilité, et que la grande propriété avait dédaigné de mettre en valeur. Il a été souvent frappé de la sévère économie à laquelle vous savez vous astreindre et de l'esprit d'épargne qui vous a fait arriver à la propriété.

Il s'est expliqué, par votre manque de notions scientifiques, qu'il serait du devoir de l'Etat de propager parmi vous, et par la crainte de compromettre votre modeste avoir, les habitudes routinières qu'on vous a souvent reprochées.

Ceux qui vous ont adressé ce reproche n'ont pas compris que votre condition vous imposait de suivre pour règle de conduite l'observation des phénomènes de la culture plus que l'innovation dans les méthodes. Ils ont oublié que la multitude de faits que vous observez dans votre pratique quotidienne constitue un ensemble duquel la science agronomique déduit ses règles et ses lois.

Ce n'est pas le seul service dont le pays soit redevable à vos efforts. A l'insu peut-être de la plupart d'entre vous, sans vous préoccuper de l'opinion de ceux qui font dériver la propriété du droit de conquête, comme de ceux qui en nient le droit individuel, vous lui avez donné une base inébranlable, le travail.

Sur cette base, qui défie toutes les critiques et toutes les négations, vous avez assis la démocratie française. C'est là votre gloire et votre force.

Résumons-nous et concluons.

La Révolution a affranchi le cultivateur. Elle l'a dégagé des entraves dans lesquelles le tenait le régime féodal. Elle l'a mis en complète possession des fruits de son travail que lui ravissaient presque en totalité deux classes parasites. Elle a fait de lui un homme, plus qu'un homme, un citoyen. Les monarchies venues avec la prétention de régulariser et de clore la Révolution, ont plus ou moins manqué aux programmes qu'elles avaient émis et n'ont été, au fond, que des régimes de réaction ou d'immobilité.

La République seule n'a jamais, à travers les obstacles accumulés sur ses pas, varié dans ses tendances restées toujours favorables aux intérêts populaires. Seule, elle peut, inspirée de ses origines, satisfaire par la liberté politique, sans laquelle il n'est pas de progrès social, aux besoins nouveaux que produit le mouvement de la civilisation.

Ne croyez pas qu'en vous tenant ce langage

nous cédions à l'entraînement de nos convictions politiques et que nous établissions à notre insu une confusion dans des choses n'ayant entre elles aucun rapport. Vous allez voir que la forme du gouvernement n'est pas du tout étrangère aux questions que nous venons d'agiter.

Sans doute, le progrès social, l'amélioration générale des conditions peuvent être poursuivis et atteints avec des gouvernements de formes diverses, sous des monarchies représentatives comme sous des Républiques. Mais ces monarchies ne sont, au fond, que des Républiques à présidence héréditaire. Dans les pays où elles existent réellement, le chef de l'Etat s'incline toujours devant la volonté nationale légalement exprimée.

Ce genre de monarchie, nous ne le connaissons, nous, Français, que par ouï-dire, et, dans ce siècle, trois dynasties nous l'ont promis, sans nous le donner jamais.

La confiance ne saurait renaître une fois éteinte, a écrit un grand publiciste contemporain. Aussi, peut-on dire que les déceptions politiques de la France sont la base la plus ferme de ses nouvelles institutions.

Pour démontrer ce que vous êtes en droit d'attendre de la République, prenons quelques exem. ples.

Quel autre gouvernement que celui du pays par le pays serait aussi résolu à pourvoir au développement de l'enseignement primaire et professionnel?

Bon nombre de monarchistes en contestent

l'utilité et voient même un danger social à sa diffusion.

Quel autre gouvernement consentirait à reconnaître le droit de réunion et d'association, dégagé des obstacles légaux et administratifs qui en entravent l'usage, et nous ferait jouir, à cet égard, des droits reconnus à tous les citoyens des pays libres?

Nos prétendants et leurs partisans y verraient certainement un péril pour le gouvernement plus ou moins arbitraire qu'ils seraient parvenus à établir contre la volonté du pays.

Quel autre gouvernement aurait l'indépendance nécessaire pour faciliter le débouché de vos produits par le développement de la viabilité ferrée, canalisée et locale?

La monarchie, quelle qu'elle fût, ne voudrait pas toucher aux monopoles financiers, et s'inclinerait, comme par le passé, devant les grandes Compagnies privilégiées.

Enfin, quel autre gouvernement reconnaîtrait mieux la nécessité d'intervenir dans les travaux d'endiguement qui dépassent les forces des communes isolées, pour préserver de l'inondation le sol et les récoltes de nos riches vallées, et les mettre à l'abri des désastres dont les rives de nos principaux fleuves ont successivement offert l'affligeant spectacle?

Nos précédents gouvernements ont failli à cette œuvre de préservation. Le dernier surtout, si prodigue des deniers publics, et sous lequel commençait à sévir avec tant de gravité le fléau des inondations, a reculé devant cette tâche dont une imprévoyance séculaire lui faisait un devoir impérieux, et a cru avoir assez fait en recourant au système tardif et insuffisant du reboisement.

Vous voyez combien la liberté politique est nécessaire au progrès social. Elle l'est, à ce point qu'on ne saurait, à notre époque, les concevoir l'une sans l'autre.

Les événements de ce siècle sont bien faits pour guérir les Français de la chimère des dictatures providentielles.

Le progrès social est, de son côté, la meilleure garantie de la liberté politique. En effet, plus les citoyens voient leur aisance s'accroître avec leurs lumières, plus ils s'attachent aux institutions auxquelles ils sont redevables de ces bienfaits.

Aussi, appuyé sur l'histoire et sur la science, ne craignons-nous pas de vous dire en terminant : *Aimez la Révolution qui vous a faits ce que vous êtes, et défendez la République qui en est la fidèle et vivante expression.*

BENJAMIN RAMPAL.

Paris, septembre 1877.

Paris. — Imp. Nouv. (ass. ouv.), 14, r. des Jeûneurs. — G. Masquin, dir.

www.ingramcontent.com/pod-product-compliance
Lightning Source LLC
LaVergne TN
LVHW012106030726

842523LV00002B/766